So lebt

Dubai

*Der perfekte Reiseführer für einen unvergessli-
chen Aufenthalt in Dubai inkl. Insider-Tipps,
Tipps zum Geldsparen und Packliste*

Sarah Sonnenbeck

✈ INHALT

Das erwartet Sie in diesem Buch

Lange galt Dubai als das Reiseziel für die Schönen und Reichen. Das hat sich aber grundlegend geändert. Das siebte Emirat der Vereinigten Arabischen Emirate ist mittlerweile der perfekte Urlaubsort für jedermann und bietet sowohl für Sonnenanbeter als auch für die Liebhaber der Städtetrips einen unvergesslichen und erschwinglichen Urlaub. Der Kontrast zwischen der anscheinend endlosen Wüste und der pulsierenden Megacity macht Dubai zu einer Stadt, die ihresgleichen sucht. Die Stadt Dubai ist daher sehr facettenreich und Langeweile ist hier vollkommen unbekannt. Die Sonne strahlt das ganze Jahr über und bietet eine fabelhafte Grundlage für einen gelungenen Badeurlaub an den sauberen Stränden des Persischen Golfs. Anhand dieses Reiseführers möchte ich Ihnen die alte Geschichte von einer kleinen Fischersiedlung bis hin zu einer Metropole der Superlative nahebringen. An der beeindruckenden und außergewöhnlichen Historie des größten Emirats der Vereinigten Arabischen Emirate erkennt man den ungebrochenen Willen, eine Stadt zu erschaffen, die nirgendwo auf der ganzen Welt ein zweites Mal vorhanden ist. Aber auch das moderne Dubai bietet aufschlussreiche Fakten und Informationen, die interessant für eine bevorstehende Reise sind. Dennoch sollte man dem traditionellen, arabisch verwurzelten Dubai ebenfalls einen Besuch abstatten.

Außerdem zeige ich Ihnen die besten Sehenswürdigkeiten der Stadt und gebe Ihnen Tipps für kostengünstige und lohnenswerte Ausflüge für die ganze Familie. Aber auch wichtige Reiseinfos habe ich für Sie im Gepäck, um das Beste aus Ihrem Urlaub herauszuholen und perfekt auf den märchenhaften Orient vorbereitet zu sein. Nach diesem Reiseratgeber sind Sie startklar für Ihren Urlaub in einem der schönsten Urlaubsorte der Welt.

Die Geschichte Dubais

DUBAI FRÜHER

Die Anfänge Dubais reichen bis vor 3000 v. Chr., worauf archäologische Funde hinweisen. Bereits im 5. bis 7. Jahrhundert war Dubai eine bekannte Handelsroute vom Oman bis in den heutigen Irak. Schon in den Anfängen wurde Wirtschaft in dem noch kleinen und unscheinbaren Hafenort betrieben.

Darunter die Fischerei, der Bootsbau und die Perlenzucht. Im 16. Jahrhundert stieg das Interesse der Portugiesen an dem am wasserliegenden Fischerort und ein europäischer Einfluss im Handel wurde sichtbar. Das führte sich auch im Jahre 1820 fort, als die Briten mit den lokalen Herrschern über die Seefahrt in Dubai verhandelten. Dubai galt im Jahre 1870 als kleine Fischersiedlung, die ihre Wirtschaft auf die Perlenfischerei konzentrierte. Erst im Jahre 1920 sollte sich dieser Zustand rasant ändern. Zu dieser Zeit entwickelte sich Dubai zu einer der wichtigsten Seehandelszentren der Arabischen Emirate.

Fast zeitgleich erlebte Dubai einen enormen Wachstumsschub durch die Ansiedlung von iranischen Händlern und durch die Migration von arabischen Siedlern. Dubai war zu diesen Zeiten bereits wirtschaftlich sehr stark und hatte sehr viel Erfolg im lokalen und überseeischen Handel mit vielen anderen Ländern. Außerdem verfügte Dubai über die größten Märkte im ganzen arabischen Raum.

Kurz darauf brach das Geschäft der Perlenfischerei ein. Das war aber nicht dramatisch, da die Wirtschaft im Seehandel bereits sehr erfolgreich und gewinnbringend war. Als dann aber 1966 eine hohe Anreicherung von Erdöl im Boden festgestellt wurde, war das Schicksal von Dubai besiegelt. Dubai legte sein Augenmerk nun auf die Erdölindustrie und wurde zu einer der wohlhabendsten Städte der ganzen Welt. Daraufhin wurde 1971 der Flughafen von Dubai eröffnet. Dieser legte den Meilenstein für den heutigen Tourismus, da er dafür sorgte, dass sich Dubai zu einem der Hauptverkehrsknoten entwickelte. Als dann aber im Jahre 1979 das Dubai World Trade Center gebaut wurde, welches das erste Hochhaus der Stadt war, begann die Phase des Baubooms. Nun schossen die Hochhäuser wie Pilze aus dem Boden und eine unvergleichliche Skyline entstand, die bis heute kennzeichnend für den Golfstaat ist.

1985 folgte der Startschuss der Fluglinie Emirates, die das Image von Dubai noch einmal unterstrich, da sie einen neuen Maßstab im Fliegen setzte. Emirates steht bis heute für den Inbegriff des luxuriösen Fliegens. Selbst in der Economy Class setzt Emirates auf exzellenten Service und angenehmen Flugkomfort. Die Fluggesellschaft ist daher eine der beliebtesten Airlines weltweit.

Das Jahr 1999 sorgte dann aber noch einmal für eine beträchtliche Steigerung des Ansehens der Stadt der Superlative. In diesem Jahr wurde das erste Sieben-Sterne-Hotel der Welt eröffnet. Dubai schaffte es, Unmögliches möglich zu machen. Deshalb ließen auch die nächsten bahnbrechenden Projekte nicht auf sich warten. 2001 wurde der Baubeginn von "The Palm" bekannt gegeben – einer Inselgruppe, die aus aufgeschüttetem Sand eine riesige Palme ergibt. Die 16 Palmwedel sind alle miteinander verbunden und ergeben insgesamt eine 100 km lange Insel. Auf dieser Insel befinden sich zahlreiche sehr luxuriöse Hotels und der bekannte Wasserpark, der sich in dem Hotel "Atlantis The Palm" verbirgt. Aber der Scheich von Dubai ließ sich für seine Megacity noch mehr einfallen, darunter ebenfalls auch der Baubeginn des höchsten Gebäudes der Welt im Jahre 2004.

Der Burj Khalifa, der nach dem Präsidenten der Arabischen Emirate benannt worden ist, wurde im Jahr 2010 fertiggestellt und ist insgesamt 828 Meter hoch. Außerdem wurde die Dubai Metro eröffnet, die alle Teile Dubais schnell und ohne Stau miteinander verbindet. Zuletzt wurde 2018 der Dubai Frame im Zabeel Park eröffnet. Dieser umrahmt die unglaublichen Monumente und bietet eine außergewöhnliche Aussichtsplattform, die ganz Dubai in einem Bilderrahmen zusammenfügt.

DUBAI HEUTE

All die Ereignisse und Projekte aus der Vergangenheit von Dubai zeichnen das heutige moderne Leben aus. Zunächst möchte ich Ihnen das heutige Dubai vorstellen. Die Stadt am Golf ist die größte Stadt der Vereinigten Arabischen Emirate und die Hauptstadt des Emirats Dubai. Sie liegt im südöstlichen Teil der arabischen Halbinsel am Persischen Golf.

Neben Dubai gibt es noch 6 weitere Emirate: Abu Dhabi, Sharjah, Ajman, Umm al Quwain, Fujairah und Ras al-khaimah. Von allen 7 Emiraten sind Abu Dhabi, Dubai und Ras al-khaimah die bekanntesten im Tourismussektor. Die Landessprache der Vereinigten Arabischen Emirate ist arabisch, es wird aber fast überall auch englisch verstanden und gesprochen. Dubai ist sinnvollerweise in 7 Stadtviertel einzuteilen.

Gerade für Touristen kann das für die Orientierung sehr hilfreich sein. Zum einen gibt es Bur Dubai, ein Stadtteil, der neben dem Dubai Creek zu finden ist. Bur Dubai gehört zu dem historischen Stadtkern, der im Jahre 1833 entstand. Bur Dubai beinhaltet den Hafen Port Rashid, der heutzutage Umschlagplatz für Waren und Güter ist. Außerdem kommen dort die riesigen Kreuzfahrtschiffe an. Der Stadtteil

Bur Dubai ist ebenfalls bekannt für seine zahlreichen Museen und die Präsenz der Weltreligionen. Dort gibt es nämlich die große Moschee, die Grand Mosque und den Hindu Temple, der die Offenheit und die Toleranz der Religionen verdeutlichen soll.

Der Stadtteil Deira ist der zweite historische Stadtteil in Dubai. Hier haben sich viele Souks (Märkte) angesiedelt, die allerlei Waren anbieten. Beispielsweise kostbare Gewürze und wertvolles Gold sind hier hoch im Kurs. Deira bietet den Touristen aber noch mehr: den größten Fischmarkt von Dubai. Besonders günstig bekommt man hier allerlei Meerestiere und natürlich auch jede Fischart, die man im Persischen Golf fangen kann. Hier befindet sich auch der "Clock Tower".

Eine besondere Kreisverkehrsinsel, die eine Besichtigung wert ist. Der "Clock Tower" ist eines der ältesten Denkmäler in Dubai. Des Weiteren findet man in diesem antiken Stadtteil das erste Hauptquartier der Polizei in Dubai. Direkt daneben gibt es noch ein interessantes Museum, welches Naif Museum genannt wird. Das Polizeimuseum erzählt über die Geschichte der Polizei und deren Anfänge in Dubai. Südwestlich von Bur Dubai befindet sich der moderne Stadtteil Jumeirah. Dieser Bezirk gehört zu den teuersten Wohngegenden der Stadt. Die zwei

Hauptverkehrsstraßen "Sheikh Zayaed Road" und die "Al Khaid Road" führen durch den lebendigen Stadtteil. Jumeirah liegt direkt am Persischen Golf und bietet daher einen langen Strandabschnitt. Der 20 Kilometer lange Strand lädt zum Baden und Verweilen ein. Hier ist auch eines der vielen Wahrzeichen zu finden.

Das einzige sogenannte 7-Sterne-Hotel der Welt, der Burj al Arab, ist an diesem wunderschönen Strand präsent. Außerdem ist die Inselgruppe Palm Jumeirah nicht weit entfernt. Auf der künstlich errichteten Inselgruppe kann man den beliebten Wasserpark "Aquaventure" besuchen, welcher sich im Hotel "Atlantis" befindet. Neben Jumeirah kann man den Stadtteil Downtown erkunden. Dieser liegt direkt an der Hauptverkehrsachse "Sheikh Zayed Road", die nach dem Präsidenten der Vereinigten Arabischen Emirate "Zayed bin Sultan Al Nayahan" benannt ist.

In Dubai Downtown steht auch der Burj Khalifa, welcher das höchste Gebäude der Welt ist. Auch die riesige Dubai Mall ist eines der Sehenswürdigkeiten der Stadt. Im Stadtteil Al Seef gibt es ebenfalls viel zu sehen. Hier trifft das alte Dubai auf das neue Dubai, da ein Spaziergang durch diesen besonderen Stadtteil eine Art Zeitreise darstellt. An einer

SARAH SONNENBECK

Uferpromenade in der Nähe vom Dubai Creek gelegen, bietet der Stadtteil viele Cafés, Restaurants und
eine traumhafte Aussicht auf den Yachthafen von Al
Seef. Fast nahtlos schließen die alten Gebäude aus
den 50er Jahren an den modernen Baustil an.

Regionale Anbieter und Handwerker verkaufen
an ihren selbst gebauten Ständen traditionelle Tex-
tilien und allerlei kulinarische Spezialitäten. Einige
Kilometer westlich vom Stadtzentrum befindet sich
ein weiterer spannender Stadtteil von Dubai.

Die Dubai Marina ist an einem künstlich angelegten Yachthafen zu finden, der von Wolkenkratzern der Spitzenklasse umgeben ist. Dieser Stadtteil
ist perfekt für einen langen Spaziergang geeignet, da
er über eine lange Promenade verfügt. Zusammen-
fassend ist zu sagen, dass jeder der aufgeführten
Stadtteile seinen eigenen Charme hat und dass es
sich wirklich lohnt, nicht nur die Sehenswürdigkeiten in der Nähe seiner Unterkunft zu besichtigen,
sondern sich auch andere Teile von Dubai anzusehen.

MOBILITÄT UND VERKEHR

In Dubai gibt es verschiedene Möglichkeiten der Mobilität, unter anderem auch die berühmte Dubai Metro, die schon seit über 10 Jahren alle Teile Dubais schnell und effektiv miteinander verbindet. 2 Linien sind bereits in Betrieb und 2 weitere sind noch in Planung. Die Metro-Linien bieten sich natürlich auch für die Touristen an, da sie sehr zeitsparend und dabei auch sehr günstig sind. Bereits ab 75 Cent kann man mit der Metro fahren.

Außerdem gibt es ein spezielles Frauenabteil, in dem es nur gestattet ist, als Frau einzusteigen. Mit dem Taxi kann man in der Rushhour zum Feierabendverkehr manchmal stundenlang im Stau stehen. Deshalb sollte man sich genau überlegen, wann man ein Taxi in Anspruch nimmt. Aber da das Benzin in Dubai ebenfalls sehr günstig ist, kann man auch einmal auf das Taxi umsteigen, ohne hohe Kosten fürchten zu müssen.

Für eine 30 Kilometer lange Taxifahrt zahlt man nur um die 10 Euro. Für die Verbindung zur "The Palm", wo sich auch der berühmte Wasserpark befindet, fährt die Monorail, die vom Festland aus startet. Die "Gateway Towers" sind der Anfangspunkt der Monorail. Weitere Stationen sind ' "Trump

Tower", "Palm Mall" und zum Schluss die Endhalte-
stelle "Atlantis Resort".

Klima

Kennzeichnend für Dubai ist das ganzjährige son-
nige Klima. Selbst im Winter klettern die Temperaturen über 20 Grad. Auch der Niederschlag fällt hier
sehr gering aus. Mit durchschnittlich einem Regen-
tag pro Monat bietet Dubai einen sicheren, sommer-
lichen Urlaub mit 8 bis 12 Sonnenstunden pro Tag.
Da im Sommer die Temperaturen auf bis zu 42 Grad
steigen, empfiehlt es sich, den Winter in Deutschland
hinter sich zu lassen und den Urlaub in Dubai von
November bis März zu planen.

In diesen Monaten liegen die Temperaturen
zwischen 22 und 28 Grad. Mit 5 bis 6 Stunden Flug-
zeit ist Dubai für die Europäer ein Reiseziel, welches
sehr schnell und einfach zu erreichen ist. Das ist besonders praktisch, da man für den sonnigen Winter-
urlaub keine Langstreckenflüge in Kauf nehmen
muss. Emirates bietet Direktflüge aus vielen deut-
schen Großstädten an.

ALLGEMEINES RUND UM DUBAI

Dubai wird von einem Mann beherrscht: Muhammad bin Raschid Al Maktum. Er ist zugleich Vizepräsident, Premierminister und Verteidigungsminister der Vereinigten Arabischen Emirate. Dieser einflussreiche Mann wird von den Bürgern sehr verehrt und überall findet man die Flagge von Dubai zusammen mit seinem Bild an Häuserfassaden und großen Leinwänden. Man bezeichnet ihn auch als "Scheich".

Das ist gleichzusetzen mit einem Ehrentitel wie Prinz oder König. Außerdem zeichnet ihn sein unfassbarer Reichtum aus. Der Scheich von Dubai besitzt ein Vermögen von ca. 12 Milliarden Dollar und auch sehr viele Immobilien, ganze Inseln und mehrere riesige Yachten. Besonders interessant ist hierbei, dass fast alle architektonischen Highlights in der gesamten Stadt auf seinen Ideen basieren.

Er legt viel Wert darauf, Dubai zu einem Touristenhotspot der Extraklasse zu machen. Da das Erdöl in ca. 30 Jahren knapp wird, ist es für den Scheich wichtig, weitere Einnahmequellen, wie den Tourismussektor, für das Emirat zu generieren. Insgesamt leben 3,3 Millionen Menschen im Emirat, diese werden Emiratis genannt. Diese Zahl schwankt aber erheblich, da die Zahl der Gastarbeiter aus beispielsweise Pakistan, Indien und dem gesamten ostasiatischen Raum sehr nach Saison variiert.

Dabei machen die Gastarbeiter fast ¾ der gesamten Population aus. Dubai ist dabei sehr stark auf die Gastarbeiter angewiesen, da sie das Stadtbild in vielen verschiedenen Berufen prägen. Außerdem sorgen sie dafür, dass Dubai eine sehr multikulturelle und offene Haltung gegenüber Ausländern trägt. Die Staatsreligion der Vereinigten Arabischen Emirate ist der Islam.

Dieser Religion ordnen sich 76 Prozent der Einwohner zu. Die zweitgrößte Gruppe bilden die Hindus. Die Gastarbeiter aus dem indischen Raum bilden hierbei einen großen Teil ab. Aber auch Christen mit ca. 9 Prozent sind in dem Emirat vertreten. Viele Geschäftsleute aus dem europäischen Raum siedeln sich in Dubai an, da sie das riesige Wirtschaftspotenzial des Emirats erkannt haben.

Die Währung der Vereinigten Arabischen Emirate ist der Dirham. Der Kurs schwankt meist etwas, aber man kann grob sagen, dass 1 Dirham so viel wert ist, wie 25 Cent. Man braucht die Preise in Dirham also immer nur durch 4 teilen. Der Zeitunterschied zwischen Dubai und Deutschland beträgt im Sommer +2 Stunden und im Winter +3 Stunden.

Sightseeingtour

E in spannender und abwechslungsreicher Urlaub in Dubai basiert auf dem Angebot der verschiedenen Sehenswürdigkeiten der Stadt, die keine Höhe scheut. Durch den rasanten Bau, der erst in den siebziger Jahren startete, sucht man hier vergeblich nach antiken Altstädten oder Bauten aus früheren Jahrhunderten.

Dubai steht nämlich für die Moderne und den Fortschritt. Allerdings wird man bei den Sehenswürdigkeiten in Dubai nicht enttäuscht. Man erkennt unglaubliche Arbeit, die von Menschen kreiert wurde, und den Drang nach dem Erreichen der Superlative. Dubais Stadtbild sieht aus wie eine Stadt in der

Zukunft, die keine Limits kennt und immer wieder durch neue Innovationen überrascht. Einige Teile von Dubai scheinen aber in den 60er Jahren stehen geblieben zu sein, was dem Emirat einen besonderen Charme verleiht. Ich werde Ihnen Tipps zu Sehenswürdigkeiten geben, die für jeden erschwinglich sind, und ich habe zu vielen Sehenswürdigkeiten auch noch ein paar Spartipps auf Lager.

DUBAI MARINA

Bei keinem Besuch in Dubai darf ein Spaziergang entlang der Promenade der Dubai Marina fehlen. Die Dubai Marina ist ein exquisiter Yacht- und Bootshafen, der künstlich erschaffen wurde und in einem besonders wohlhabenden Viertel von Dubai zu finden ist. Man hat von hier noch einmal einen besonderen Blick auf die Skyline. Außerdem gibt es entlang der gesamten Promenade, die "The Walk" genannt wird, tolle Cafés, Restaurants und Bars, die zum Verweilen einladen.

Hier bietet sich auch eine Bootstour an, die eine Stunde lang durch das schöne Gewässer führt. Der Preis liegt hier bei 30,30 Euro für Erwachsene und 22,50 Euro für Kinder. Aber auch der kostenlose Spaziergang ist einen Besuch der Dubai Marina wert.

Besonders am Abend entsteht hier ein Touristenhot-spot, der stets sehr gut besucht ist. Der Hafen ist ca. 25 km von Dubais Zentrum entfernt.

DUBAIS MUSEEN

Auch für kunst- und kulturinteressierte Urlauber hat Dubai viel zu bieten. Es gibt zahlreiche Museen, die den Gästen nicht nur die Vergangenheit nahebrin-gen, sondern auch die Gegenwart und die Zukunft. Deswegen gibt es hier einige Ideen für verschiedene Museen, wobei sicherlich für jeden etwas Passendes dabei ist. Das Dubai Museum befindet sich im ältes-ten Gebäude Dubais, südlich des Dubai Creeks. Das Museum, welches im Jahre 1971 geöffnet wurde, zeigt die alte Geschichte Dubais mit den Anfängen der Perlenfischerei und der Entdeckung des Erdöls.

Außerdem lernt man interessante Fakten über die Meeresbewohner im Persischen Golf und Gegen-stände, die aus der Zeit um 3000 v. Chr. stammen, befinden sich ebenfalls in der Sammlung. Der Ein-tritt für das Dubai Museum kostet nur 75 Cent pro Person und ist freitags von 14 bis 20:30 geöffnet. An den übrigen Tagen ist das Museum von 8:30 bis 20:30 geöffnet. Ein weiteres interessantes Museum ist das "Museum of Illusion". Es befindet sich in Al

Seef und ist noch relativ neu, da es erst 2018 eröffnet wurde. In dem Museum geht es hauptsächlich um spannende optische Täuschungen, bei denen man seinen Augen nicht trauen sollte. Viele überraschende Effekte sorgen für Spaß für die ganze Familie. Im "Vortex Tunnel" hat man sogar das Gefühl, schweben zu können.

Der Eintritt kostet für Erwachsene 20 Euro und für Kinder 15 Euro. Für Familien gibt es aber noch ein Sparangebot, bei dem man für 2 Erwachsene und 2 Kinder insgesamt 55 Euro zahlt. Die Öffnungszeiten sind täglich von 10 bis 24 Uhr. Besonders interessant ist auch das "Woman's Museum", was den Frauen der Vereinigten Arabischen Emirate gewidmet ist. Das Museum zeigt die Emanzipation der Frauen und die Erfolge sowohl im Geschäftsleben als auch im Alltag.

Die Frauen in den Emiraten sind sehr gebildet und haben einen starken Charakter. Diese Aspekte werden anhand der Geschichte und durch heutige Errungenschaften ausgestellt. Der Eintritt kostet 20 Euro pro Person und die Öffnungszeiten sind von Samstag bis Donnerstag von 10 bis 19 Uhr. Das Museum befindet sich am alten Goldmarkt in Deira neben dem Fischmarkt. Aber auch für Kunstliebhaber hat Dubai die passenden Museen parat. Das"Salsali

Private Museum" ist eine Kunstsammlung der besonderen Art. Hier kann man seine Werke ausstellen lassen, sodass andere an der Kunst teilnehmen können. Der Eintritt ist kostenlos, weil der Gründer Ramin Salsali die Auffassung hat, dass Kunst zum Ideenaustausch dient und mit allen geteilt werden müsse. Hier herrscht ein enger Austausch zwischen dem Künstler, den Besuchern und den Galeristen, was für eine zwanglose Atmosphäre sorgt. Das "Salsali Private Museum" befindet sich im Stadtteil Al Quoz. Ein weiterer Museumstipp ist das "Ethiad Museum". Das Museum zeigt Schritt für Schritt den wirtschaftlichen Aufschwung auf und ist auch für Politikinteressierte sehr empfehlenswert., da es auch den Wandel der Emirate durch den Akt der Unabhängigkeit beleuchtet.

Das Museum ist auf 25.000 Quadratmeter ausgelegt und befindet sich im selben Gebäude, an dem 1971 die Verfassung der Vereinigten Arabischen Emirate unterschrieben wurde. Das Ethiad Museum ist jeden Tag von 10 bis 20 Uhr geöffnet und der Eintrittspreis beträgt für einen Erwachsenen 5,50 Euro und von 5 bis 24 Jahren zahlt man nur 2,20 Euro pro Person. Empfehlenswert ist es, wenn man das Museum innerhalb der Woche besucht, da an den Wochenenden meist sehr viele Besucher dort sind.

EIN BESUCH IM ''ALTEN'' DUBAI

Wenn man an Dubai denkt, denkt man oft an die riesigen Wolkenkratzer und die Moderne. Dubai bietet aber auch eine andere Seite. In den Stadtteilen Deira und am Creek scheint die Zeit stehen geblieben zu sein. Der Creek ist ein 14 km langer Meeresarm, der mitten durch Dubai fließt und dem Persischen Golf entstammt. Hier spielen die Tradition und der Orient eine sehr große Rolle. Auf dem sogenannten ''Souk'', was so viel wie Markt bedeutet, werden Gewürze aus aller Welt verkauft.

Die meisten der Gewürze, wie beispielsweise der Safran, werden direkt per Schiff an den Markt geliefert. In den Gassen duftet es nach Zimt, Nelken und Koriander. Aber auch frisches Obst, Gemüse und verschiedene Souvenirs werden auf dem Markt angeboten. Bekannt ist der Markt aber besonders aufgrund des Goldes, was hier angeboten wird.

Wenn man schon immer vorhatte, Gold zu kaufen, dann ist jetzt der richtige Zeitpunkt gekommen. Laden an Laden gibt es zahlreiche Geschäfte, in denen Gold, Goldketten, Armbänder, Anhänger und viele weitere kostbare Dinge angeboten werden. Dabei schwanken die Preise je nachdem, wie hoch der Goldkurs ist und wie rein das Gold verarbeitet wurde. Auf dem ganzen Markt soll und muss gehandelt werden. Die Anfangspreise sind meist deutlich zu hoch und müssen dann geschickt verhandelt werden. Ebenfalls sehr empfehlenswert sind die kleinen, unscheinbaren Restaurants, die oft von Einheimischen besucht werden.

Lassen Sie sich nicht von Plastikstühlen und wenig einladender Atmosphäre abschrecken. Das Essen ist dafür grandios und man hat die Chance, einmal traditionell arabisch zu essen. Außerdem wird das Essen zu einem sehr günstigen Preis angeboten. Wenn man sich auf der anderen Seite des Creeks in Bur Dubai befindet, ist es ganz einfach, über den Meeresarm zu gelangen.

Am Ufer stehen zahlreiche Wassertaxis, die Abra genannt werden und zuverlässig und schnell die Teile Bur Dubai und Deira miteinander verbinden. Die 10-minütige Fahrt kostet nur 25 Cent und ist die schnellste Möglichkeit, den Creek zu überqueren. Die Abras werden hauptsächlich von den Einheimischen genutzt und elektrisch betrieben. Sie sind aus Holz gebaut und passen perfekt zu dem Charme des alten Dubais.

Es gibt keine festen Abfahrtspläne, die Fahrt startet, sobald das Wassertaxi voll besetzt ist. Insgesamt sollte man gerade bei einem längeren

Aufenthalt in Dubai definitiv das traditionelle "alte" Dubai besuchen, um eine ganz neue Seite von Dubai erkunden zu können.

MALL OF THE EMIRATES

Die Mall of the Emirates ist ein Einkaufszentrum in Al-Barsha, welches 223 Quadratmeter Fläche umfasst. Eröffnet wurde die Mall im Jahre 2005 und sie ist um ca. 100 Quadratmeter kleiner als die Dubai Mall. Trotzdem lohnt sich ein Besuch in der Mall of Emirates. Hier findet man über 400 verschiedene Geschäfte aus vielfältigen Branchen und 65 gastronomische Betriebe.

In dem Einkaufszentrum ist ein riesiger Kinokomplex vorhanden, der mit über 40 Leinwänden sehr viel Entertainment bietet. Besonders bekannt ist die Mall of the Emirates aber wegen der riesigen angrenzenden Skihalle. Die Skihalle bietet eine Winterlandschaft, die man sonst nur aus Skigebieten kennt. Wer bei dem heißen Klima von Dubai Lust auf eine Abkühlung hat, ist hier genau richtig.

Auf 22.500 Quadratmetern sind 5 Pisten mit verschiedenen Schwierigkeitsgraden untergebracht, die für jeden Skifan geeignet sind. Außerdem gibt es in der Skihalle einen Lift, der die Besucher wieder auf die künstlich hergestellten Berge bringt. In der Skihalle herrschen konstante Temperaturen zwischen -1 und -2 Grad. Jeden Abend wird frischer Schnee für die Pisten hergestellt. Aber auch für Kinder gibt es ein Schneeabenteuer.

Der Snowpark ist der größte Indoor-Schneepark der Welt und bietet Bob- und Schlittenfahrten an. Durch eine Glasfront in der Mall of Emirates kann man das bunte Treiben erst einmal aus der Ferne beobachten, bevor man sich dazu entschließt, mitzumachen. Bei den Preisen gibt es wieder verschiedene Pässe, die man buchen kann. Der "Ski Dubai Experience Slope" bietet Zugang zu allen Schneeattraktionen und kostet für Erwachsene 118 Euro.

Der "Session Pass" kostet 50 Euro und beinhaltet den Zugang zu allen Pisten von Sky Dubai. Kinder zahlen hier 42 Euro. Der "Day Pass" ist gleichzusetzen mit einer Tageskarte und ist auch für die Benutzung für alle Pisten vorgesehen. Für Erwachsene kostet das Ticket 72 Euro und für Kinder 66 Euro.

Hinzuzufügen ist, dass man für die Piste bereits Fähigkeiten mitbringen sollte, weil das die Voraussetzung ist. Die Ski Dubai Skihalle beherbergt aber auch tierische Mitbewohner. Dort wohnen nämlich Königspinguine und Eselspinguine, die in einem zusätzlichen Becken gehalten werden. Es ist möglich, mit den Pinguinen baden zu gehen. Der Spaß kostet dann aber 300 Euro pro Person. Auch wenn man nicht Ski fahren möchte, muss man der Indoor-Ski-halle einen Besuch abstatten.

DUBAI MALL

Die Dubai Mall gehört zu den größten Einkaufszentren weltweit. Das Shoppingcenter umfasst 1200 unterschiedliche Geschäfte. Hier findet man alles, was das Herz begehrt. Eröffnet wurde die Mall im Jahr 2008. Von Luxusmarken wie Gucci, Louis Vuitton, Hermes und viele weitere bis hin zu H&M und Zara ist hier alles zu finden, aber auch ein riesiges gastronomisches Angebot, wo für jeden Geschmack sicherlich etwas dabei ist.

120 gastronomische Betriebe in der Dubai Mall bieten ihre Köstlichkeiten an. Und auch, wenn man nicht zum Shoppen da ist, lohnt sich ein Besuch in der Dubai Mall, denn dort gibt es eine weitere Attraktion, die man sich nicht entgehen lassen sollte. Über 3 Etagen erstreckt sich ein riesiges Aquarium mit vielen exotischen Bewohnern. In dem Aquarium, welches von 75 Zentimeter dickem Glas gehalten wird, befinden sich 33000 verschiedene Meeresbewohner, die einem aus dem Staunen nicht mehr

herauskommen lassen. Von mannigfaltigen Fischen bis zu Haien, Rochen und anderen Riffbewohnern kann man hier alles finden. In einem nebenliegenden Becken kann man sogar Pinguine, Krokodile und Riesenkrabben begutachten. Diese Tour kostet allerdings 29 Euro pro Person. Für diesen Preis bekommt man dann aber auch sehr viel geboten.

Man hat die Möglichkeit, einen Fußgängertunnel zu passieren, der vollständig mit Wasser gefüllt ist. Nur eine dünne Glaswand trennt die Besucher von zahlreichen Meeresbewohnern. Das Dubai Aquarium hält deshalb den Guinness World Rekord für die größte Acrylglasscheibe der ganzen Welt. Außerdem gelangt kein natürliches Licht in den Tunnel, sodass spezielle Lichte für eine Tag- und Nachtsimulation sorgen.

Es gibt aber noch weitere Attraktionen in der Dubai Mall, darunter ein Skelett von einem 27 Meter großen Dinosaurier, welches bei Ausgrabungen in den USA gefunden wurde. Der Dinosaurier wurde daraufhin nach Dubai überführt und steht nun präsent seit 2014 in der Dubai Mall. Das Skelett soll schätzungsweise 155 Millionen Jahre alt sein. Ein riesiger Indoor-Wasserfall, welcher sich über vier Etagen erstreckt und 24 Meter hoch ist, ist ein weiteres Highlight im riesigen Einkaufszentrum. Der

Wasserfall wurde von Architekten aus Singapur entworfen und ist seit 2009 fester Bestandteil der Mall. Im Wasserfall sind menschliche Skulpturen angebracht, die den Wasserfall zu etwas ganz Besonderem machen.

Die Dubai Mall ist auch für Nachtschwärmer sehr gut geeignet, weil sie von 10 Uhr morgens bis 1 Uhr nachts geöffnet hat. Der Food Court ist sogar teilweise bis 2 Uhr nachts geöffnet. In der Dubai Mall ist es im Gegensatz zu draußen relativ frisch durch die Klimaanlagen. Deshalb ist es empfehlenswert, eine leichte Jacke für den Besuch mitzunehmen. Die Dubai Mall erreicht man sehr gut über die Dubai Metro. Die Haltestelle heißt "Dubai Mall".

DUBAI FOUNTAIN

Die Wasserspiele, die jeden Abend mehrfach stattfinden, sind aus Dubai nicht mehr wegzudenken. Jeden Mittag und Abend sammeln sich Menschenmassen vor der Dubai Mall, um sich das Spektakel anzusehen. Um zu den Wasserspielen zu gelangen, muss man durch die Dubai Mall den Schildern zur Dubai Fountain folgen. Das kann eine Zeit lang dauern, da man sich schnell in der Dubai Mall verirrt. Die gigantische Show umfasst 1000 Fontänen, 6600 verschiedene Lichter und 50 Farbprojektoren. Die Fontänen erreichen dabei Höhen von bis zu 152 Metern und bis zu 83.000 Liter Wasser können gleichzeitig in die Luft hochgepumpt werden.

Zu verschiedenen orientalischen und englischsprachigen, aber auch zu klassischen Liedern werden hierbei Shows von 4 bis 5 Minuten kostenfrei gezeigt. Von Donnerstag bis Sonntag finden die Shows am Mittag um 13 Uhr und 13:30 Uhr statt, am Abend folgt dann ab 18 Uhr bis 23 Uhr alle 30 Minuten eine neue Show. Am Freitag starten die Shows am Mittag etwas später, nämlich um 13:30 Uhr und um 14 Uhr.

Die Zeiten für das Abendprogramm sind aber, wie an den anderen Tagen, gleich. Dabei gibt es verschiedene Möglichkeiten und Orte, um die Shows am besten mitzuerleben. Die einfachste Möglichkeit besteht darin, sich einen Platz vor dem künstlich angelegten See zu suchen. Dafür muss man aber rechtzeitig vor Ort sein, da es gerade in den Abendstunden sehr voll sein kann. Am Ausgang der Dubai Mall befindet sich eine höher gelegene Brücke. Diese eignet sich sehr gut, da man eine besonders gute Sicht auf die Shows hat. Aber auch hier muss man sich wieder rechtzeitig einen guten Platz sichern. Auch der Blick aus dem höchsten Gebäude der Welt kann eine unglaubliche Perspektive auf das Geschehen liefern.

Hierbei ist zu beachten, dass die Tickets für die Abendstunden meistens etwas teurer sind. Aber auch aus der Dubai Mall kann man einen guten Blick auf die Wasserspiele erhaschen. Viele Restaurants und Bars haben beispielsweise eine Terrasse, wobei man dann zu einem leckeren Essen oder einem kühlen Getränk dem Spektakel folgen kann.

Eine weitere Möglichkeit bietet eine Fahrt auf dem künstlich geschaffenen See vor den Fontänen. Mit einem Holzboot kann man ganz entspannt 30 Minuten über das Wasser schippern. Tickets für die sogenannten Abra-Boote kosten 18,50 pro Person.

BURJ KHALIFA

Das höchste Gebäude der Welt findet man natürlich ebenfalls in der Stadt der Superlative. Der Burj Khalifa steht direkt vor der Dubai Mall und neben dem künstlich angelegten See der Dubai Fountain. Das Gebäude ist wie ein Ypsilon angeordnet und aus drei Gebäudesäulen aufgebaut, die sich gegenseitig stützen.

Ein sechseckiger Kern in der Turmmitte sorgt ebenfalls für die nötige Stabilität. Zum Zeitpunkt des Baus waren die Architekten noch nicht sicher, wie hoch der Burj Khalifa werden sollte. Geplant waren zunächst nur etwas über 507 Meter, aber während des Baus waren sich die Experten einig, dass der Wolkenkratzer noch ca. 100 Meter höher sein könnte. Am Ende wurde der Burj Khalifa mit sagenhaften 828 Metern eröffnet.

Durch eine Stahlkonstruktion gelang es den Architekten, so eine atemberaubende Höhe zu erreichen. Die Gebäudespitze des Burj Khalifa erkennt man daher sogar aus 1000 Meter Entfernung. 163 Etagen sind insgesamt nutzbar für zahlreiche Büros, Hotels und Fitnessstudios, aber auch zum Wohnen, da viele Etagen auch als Apartments gebaut worden sind. Der Burj Khalifa ist zwar von außen ebenfalls schön anzusehen, aber man kann sich Dubai auch aus einer ganz anderen Perspektive anschauen.

Durch die Aussichtsplattform des Burj Khalifa in der 124. Etage auf 456 Metern hat man einen wunderbaren Ausblick auf ganz Dubai. Für ein noch exklusiveres Erlebnis gibt es auf der 148. Etage auf 555 Metern einen Bereich, wo es zusätzlich zu dem Ausblick noch Häppchen und Getränke gibt. Wenn man gerne im höchsten Wolkenkratzer der Welt essen gehen möchte, hat man dazu auf der 123. Etage die Möglichkeit. Das Restaurant ''@tmosphere'', welches sich im Armani Hotel befindet, bietet exklusive Speisen, die aber nichts für den kleinen Geldbeutel sind. Eine Nacht im Armani Hotel, welches 160 Zimmer zur Verfügung stehen hat, kostet beispielsweise je nach Saison 380 Euro aufwärts. Mit 10 Metern pro Sekunde befördern die Aufzüge jeden Gast rasant zu seinem gewünschten Ziel. 90 Sekunden dauert es beispielsweise, um in die 124. Etage zu gelangen. Ab 38 Euro pro Person für die 124. Etage sind die Tickets zu kaufen. Der Preis schwankt allerdings je nach Tageszeit. Die Tickets zum Sonnenuntergang sind dabei am teuersten. Es ist allerdings günstiger, die Tickets vorher im Internet zu buchen, da die Preise vor Ort immer etwas teurer sind. Der Ausblick in der 148. Etage kostet ca. doppelt so viel pro Person. Allerdings muss man hier nicht anstehen und es sind weniger Menschen bei der Führung dabei.

Der Unterschied zur 124. Etage besteht auch darin, dass, wie schon erwähnt, eine kleine Verpflegung mit dabei ist. Außerdem ist die Etage etwas höher gelegen und man hat auch Sitzmöglichkeiten. Wenn man sich geschickt eine Uhrzeit aussucht, in der auch die Show der Dubai Fountain beginnt, kann man sich das Spektakel sogar von der Aussichtsplattform des Burj Khalifa anschauen. Unabhängig davon, welche Variante man für seinen Ausblick wählt, gehört die Aussicht vom höchsten Gebäude definitiv zu einem gelungenen Dubai-Urlaub dazu.

THE PALM JUMEIRAH

Palm Jumeirah ist eine künstlich angelegte Insel-gruppe, die sich zentral im Stadtteil Jumeirah befin-det. Die Inselgruppen sind wie eine Palme angeord-net, die aus der Luftperspektive zu sehen ist. Auf den verschiedenen Elementen der Palmen befinden sich Luxushotels, wie auch das Hotel Atlantis. Dieses 5-Sterne-Hotel ist besonders bekannt.

Es erinnert an die versunkene Stadt Atlantis, be-inhaltet aber auch traditionell arabische Elemente. Alle Gäste des Hotels erhalten freien Zugang zu dem berühmten 170 qm großen Wasserpark "Aquaven-ture", der sich im Hotel befindet. Allerdings ist es auch möglich, den Wasserpark zu besuchen, ohne im Hotel Atlantis zu übernachten. Im "Aquaventure" Wasserpark bekommt man sehr viel geboten.

Dort kann man rasante Fahrten mit Wildwasser-bahnen erleben oder auf spektakulären Wasserrut-schen sausen. Der "Aquaventure" Park ist bekannt für die weltgrößte Wasserbahn, die "Zoomango" ge-nannt wird. Aber auch die Rutsche "Leap of Faith" erzeugt durch einen vertikalen Start Momente der Schwerelosigkeit und des Nervenkitzels. Eine wei-tere Rutsche führt mit einem durchsichtigen Tunnel mitten durch ein Haifischbecken. Das "Aquaventure" bietet daher eine große Anzahl an verschiedenen Wasserrutschen. Außerdem ist es möglich, mit Delfinen zu schwimmen. Natürlich sind auch viele Pools vorhanden, die zum Planschen und Schwimmen einladen. Der Aquaventure-Wasserpark bietet Abenteuer und Spaß für die ganze Familie. Je nach Saison variiert auch hier der Preis. In den heißen Sommermonaten gibt es häufig Rabatte auf die Eintrittspreise, während die Preise im Winter oft höher sind.

Die Preise für Erwachsene liegen aber ungefähr bei 80 Euro und für Kinder bei 65 Euro, wobei der Kinderpreis nur bis zu einer Größe von 1,20 Metern gilt. Die Preise sind Tagespreise, sodass man schon 7 bis 8 Stunden für einen Besuch einplanen sollte, damit dieser sich lohnt. Der Park öffnet immer um 10 Uhr und schließt, wenn die Sonne untergeht.

In der Woche ist der Park meist weniger besucht, daher lohnt es sich, den Ausflug außerhalb der Wochenenden zu planen, damit man nicht zu lange bei den Rutschen anstehen muss. Sein eigenes Essen mit in den Park zu bringen, ist leider nicht erlaubt. Daher sollte man genügend Geld mitbringen, da ein Mittagessen mit durchschnittlich 20 Euro pro Person zu Buche schlägt. Ebenfalls sollte man die hohen Preise für die Schließfächer beachten. Anreisen kann man durch eine gebuchte Tour, wobei man direkt vor seinem eigenen Hotel abgeholt wird, oder man macht sich auf eigene Faust auf den Weg. Die einfachste Möglichkeit ist, ab Dubai Marina mit dem Taxi zu fahren.

Pro Fahrt kostet die Strecke ca. 10 Euro. Eine weitere Möglichkeit besteht darin, mit dem Monorail in den Park zu fahren. Eine Tageskarte kostet pro Person 7 Euro. Diese fährt vom Festland direkt auf die künstliche Insel. Insgesamt ist der Besuch im Dubai "Aquaventure"-Wasserpark gerade für größere Familien eine kostspielige Angelegenheit. Wem allerdings Abenteuer der Extraklasse gefallen, kommt im Wasserpark voll auf seine Kosten.

JUMEIRAH BEACH

Der bekannte Jumeirah Beach ist auf jeden Fall einen Besuch wert. Das Wasser ist glasklar und der weiche Sand erstrahlt in einem weißen Ton. Dabei gibt es private Bereiche, die von den Hotels angemietet sind, und öffentliche Bereiche, die sogenannten "Jumeirah Public Beach"-Zonen. Dort hängen dann große Schilder an den Eingängen der Strände. Die Strände eignen sich besonders gut zum Schwimmen, weil hier nur wenig Wellen vorhanden sind. Ein öffentlicher Strandbereich liegt auch vor dem Wahrzeichen von Dubai: der "Burj al Arab". Das bietet ein schönes Fotomotiv, was bereits viele Touristen nutzten. Der Strand ist meistens sehr gut besucht und ein Foto vor dem Burj al Arab gehört einfach zu einem Dubai-Urlaub dazu.

BURJ AL ARAB

Der Burj al Arab wird als 7-Sterne-Hotel bezeichnet und das hat auch handfeste Gründe. Luxus und Extravaganz werden hier großgeschrieben. Der Burj al Arab, der übersetzt Turm der Araber heißt, ist mit seinen 321 Metern das vierthöchste Hotelgebäude der Welt. Der Burj al Arab ist in Form eines Segels gestaltet worden.

Das Segel soll an die Vergangenheit von Dubai erinnern und ebenfalls für die Gegenwart stehen. Das Segel steht sowohl für die traditionelle Fischerei als auch für die Yachten, die heutzutage über den Persischen Golf schippern. 1994 begann der Bau des berühmten Wahrzeichens von Dubai und er dauerte bis ins Jahr 1999. Dabei wurde das Hotel auf einer kleinen künstlichen Insel gebaut, die eigens für den Burj Khalifa errichtet wurde. Die Schwierigkeit bestand darin, dass die künstlich errichtete Insel der enormen Belastung durch das riesige Hotel stand-hält. Im Hotel wurden nur die besten Materialien verwendet, unter anderem 8000 Quadratmeter Blattgold, 32000 Kubikmeter italienisches Mosaik und 13000 Kubikmeter Carrara Marmor. Das sind nur einige der luxuriösen Baumaterialien, da nur die besten Rohstoffe verwendet werden sollten. Daher wird der Burj Khalifa auch als 7-Sterne-Hotel bezeichnet. Die bisherige Kategorisierung in der Hotel-bewertung kennt nur 5 Sterne, weshalb das Hotel offiziell nur ein 5-Sterne-Hotel ist.

Dabei sind der Service und die luxuriöse Ausstattung viel mehr als 5 Sterne wert. Die 202 Zimmer sind überwiegend Suiten. Die kleinste Suite hat aber schon eine Größe von 169 Quadratmetern und bietet sehr viel Komfort. Auf dem Dach des Burj al Arab befindet sich ein Helikopter-Landeplatz, damit die exklusiven Gäste auch über den Luftweg anreisen können. Die Gäste des Hotels werden aber auch mit dem eigenen Fuhrpark des Hotels zu Terminen oder zum Flughafen gefahren.

Dieser besteht hauptsächlich aus Autos der Marken Rolls-Royce und BMW, die von einem Chauffeur gefahren werden. Ebenfalls zu erwähnen ist ein riesiges Aquarium im Al-Mahara Restaurant des Hotels. Wie auch das Hotel Atlantis auf der Insel Palm

Jumeirah, bietet das Hotel Burj al Arab einen Wasserpark an. Dieser trägt den Namen "Wild Wadi"
und befindet sich direkt vor dem Hotel. Hier werden
30 verschiedene Attraktionen geboten, darunter
zahlreiche abenteuerliche Rutschen und verschiedene Schwimmbecken.

Der "Wild Wadi"-Park ist etwas kleiner als das
Aquaventure auf Palm Jumeirah und er ist weniger
bekannt. Der Eintritt für den „Wild Wadi"-Park liegt
bei ca. 75 Euro pro Person. Kinder bis 1,10 Meter be-
zahlen hier 63 Euro. Die Öffnungszeiten sind von 10
bis 18 Uhr. Der Vorteil im Gegensatz zum Aquaventure besteht darin, dass man weniger Anstehen
muss und daher auch öfter die Wasserrutschen benutzen kann.

Außerdem gehen die Rutschen ineinander über,
sodass lästiges Treppensteigen sowie lange Lauf-
wege zur nächsten Attraktion komplett entfallen.
Für Hotelgäste ist der Besuch wieder im Zimmer-
preis inklusive. All der Luxus hat natürlich auch seinen Preis. Eine Übernachtung in der günstigsten Ka-
tegorie kostet ohne Frühstück rund 1000 Euro pro
Zimmer. Die Preise variieren auch hier je nach Saison, da in den heißen Sommermonaten oft weniger
Gäste im Hotel übernachten. Den Burj Khalifa von in-
nen zu besichtigen, ist als Tourist, der nicht im Burj

Khalifa übernachtet, nicht möglich. Die einzige Möglichkeit, in das Innere des 7-Sterne-Hotels zu gelangen, besteht darin, das gastronomische Angebot vor Ort zu nutzen. In der Sky View Bar wird beispielsweise ein Nachmittagstee angeboten.

Dort werden leckerer Kuchen, frische Sandwiches und kleine Köstlichkeiten gereicht. Außerdem gibt es eine große Auswahl an Kaffee- und Teesorten. Der Preis pro Person beträgt stolze 155 Euro. Dafür hat man dann aber natürlich eine atemberaubende Aussicht und man ist in einem der teuersten Hotels der Welt gewesen. Auch Restaurantbesuche sind möglich, diese sind aber um einiges teurer als die Teestunde.

WÜSTENSAFARI

Früher gab es in Dubai fast nur die Wüste. Innerhalb mehrerer Jahrzehnte wurde mitten in der Wüste eine Mega City erschaffen. Daher lohnt sich auch ein Ausflug außerhalb von Dubai in die scheinbar endlose Sandlandschaft. Dort warten viele interessante Programmpunkte, die von vielen Anbietern durchgeführt werden. Die Wüstensafari beginnt damit, dass man von seinem Hotel mit einem Jeep abgeholt wird. Daraufhin fährt man mit anderen Gästen und den Veranstaltern bis zu 100 km weit in die Wüste hinein. Dort angekommen, wird die Luft aus den Reifen gelassen, um sich an die sandige Oberfläche anzupassen. Dann beginnt die rasante Tour durch die Wüste. Geübte Fahrer steuern die Gäste mit viel Geschwindigkeit über die sandigen Berge. Danach wird dann ein Stopp eingelegt, um ein Erinnerungsfoto in den Dünen zu schießen.

Besonders schön sind hier wieder die Touren zum Sonnenuntergang. Nach dem kleinen Stopp wird man zum Beduinencamp gebracht. Dort angekommen, entdeckt man eine Oase, die mitten in der Wüste geschaffen wurde. Dort gibt es viele Sitzplätze im arabischen Stil und eine Showbühne. Außerdem kann man kostenlos eine Runde auf den Kamelen reiten. Softgetränke, Wasser und ein arabisches Essen sind im Ausflug inklusive. Nach Belieben kann man sich aber auch alkoholische Getränke bestellen, die ebenfalls im Preis inkludiert sind.

Außerdem wird Hennamalerei angeboten, die aber kostenpflichtig ist. Daneben wird ein Showprogramm mit verschiedenen Aufführungen geboten, darunter eine Bauchtänzerin, die ihre Hüften zu arabischer Musik kreisen lässt, und ein begabter Derwisch-Tänzer. Der Höhepunkt ist ein Feuerspucker, der die Menge ins Staunen versetzt. Abschließend wird man wieder zurück zu seinem Hotel gefahren. Die Touren unterscheiden sich von Anbieter zu Anbieter. Die oben genannte Wüstentour ist nur ein Beispiel und je nach Anbieter gibt es leichte Abweichungen.

Günstige Touren findet man im Internet schon ab 30 Euro pro Person. Zu beachten gilt, dass die Tour nicht geeignet ist für Schwangere, Kleinkinder, Personen mit Rückenbeschwerden und für Rollstuhlfahrer. Ansonsten ist die Wüstensafari ein toller Tagesausflug, der viele verschiedene Aktivitäten bietet.

Gastronomie in Dubai

EMPFEHLENSWERTE RESTAURANTS

Dubai ist ebenso bekannt für seine hervorragende Küche. In Dubai hat sich eine Gastronomie der Spitzenklasse gebildet. Hier gibt es nun einige Geheimtipps für ein kulinarisches, internationales Erlebnis.

Wer Lust hat auf landestypische Leckereien, ist im ''Al Fanar'' goldrichtig. Hier gibt es landestypische Gerichte mit orientalischem Flair aus den 60er Jahren. Vom Frühstück bis zum Abendessen hat man hier alle Möglichkeiten, um die Küche der Emiratis besser kennenzulernen. Zwei Filialen sind in Dubai von ''Al Fanar'' vorhanden. Die Erste befindet sich in der Dubai Festival City Mall und die Zweite am Dubai Creek. Beide Filialen haben ab 8:30 Uhr geöffnet. Die Filiale in der Dubai Festival City Mall schließt um 23:30 Uhr und die Filiale am Creek um 23 Uhr. Das beste italienische Restaurant trägt den Namen ''Il Borro Tuscan Bistro'' und ist wirklich hervorragend.

Aus saisonalen Zutaten, die aus dem eigenen Landgut der Restauranteigentümer stammen, werden frische Pasta, leckere Pizzen und viele weitere italienische Klassiker angeboten. Selbst die Einrichtung versprüht mit ihren weißen Möbeln und den Olivenbäumen ein italienisches Flair. Das Restaurant befindet sich im Luxushotel ''Jumeirah Al Nassem'' in der Nähe vom „Wild Wadi"-Wasserpark. Die Preise sind sehr angemessen für das, was man geboten bekommt. Durchschnittlich bezahlt man pro Gericht 20 bis 25 Euro. Mittags ist das ''Il Borro Tuscan Bistro'' von 12:00 bis 15:30 Uhr geöffnet und abends öffnet es wieder von 19:00 bis 23:30 Uhr. Auch asiatische Küche kann man in Dubai genießen.

Genauer gesagt bietet das ''Thong Thai'' thailändische Küche an. Ausgewählte Currygerichte kann man hier ebenso erwarten, wie frische Meeresfrüchte und Krustentiere. Das Innendesign ist modern asiatisch eingerichtet. Tiefhängende Laternen

und der schwarze Boden geben dem "Thong Thai"
eine romantische Atmosphäre. Geöffnet ist das Restaurant erst am Abend zwischen 18 und 24 Uhr. Es
hat dazu noch eine sehr gute Lage. Das "Thong Thai"
findet man im " JW Marriott Marquis", welches eines
der derzeit höchsten Hotels von Dubai ist, in der
vierten Etage.

Auch Freunde der indischen Küche kommen in
Dubai voll auf ihre Kosten – im Hotel "Masti". Indi-
sche Köstlichkeiten wie das Butterchicken und zahlreiche Reis- und Linsengerichte sind auf der Karte zu
finden. Auf die Optik bei den Gerichten wird hier großen Wert gelegt. Jedes Gericht wird mit Liebe ange-
richtet. Die Cocktails sind im "Masti" sehr beliebt,
sodass man nach dem Essen gerne noch einen Drink
nehmen sollte.

Die Einrichtung ist sehr bunt und lebensfroh gestaltet. Oft gibt es im "Masti" Veranstaltungen wie
Happy Hour, Ladies Night und Live-Musik. Dazu
sollte man sich dann vorher im Internet informieren.
Die Öffnungszeiten sind von Mittwoch bis Samstag
von 13 Uhr bis 1 Uhr nachts und Donnerstag und
Freitag von 13 Uhr bis 2 Uhr nachts.

NACHTLEBEN IN DUBAI

Dubai ist nicht nur bekannt für die Stadt der Superlative, sondern auch für ein facettenreiches Nachtleben. Dadurch, dass die Temperaturen am Tag oft über 40 Grad steigen, treffen sich die meisten Menschen erst am Abend, sodass das Nachtleben eine große Rolle in Dubai spielt. Deswegen gibt es hier einige Vorschläge für die Abendplanung. An der Dubai Marina gibt es sehr schöne Bars, darunter auch das "Pier 17". Das "Pier 17", welches sich in der 7. Etage befindet, wird tagsüber eher als Restaurant genutzt und wandelt sich ab 21 Uhr in eine Bar mit Tanz und Musik.

Von der Bar aus hat man eine gute Aussicht auf die gesamte Dubai Marina. Auch die "Barasti Bar" findet man an der Dubai Marina. Diese Bar ist eine Strandbar, die Karibik-Feeling versprüht. Überall sind Palmen und man kann entspannt einen Cocktail im Sand trinken. Die Preise sind hier angemessen und besonders zur Happy Hour sehr empfehlenswert. Da die Dubai Marina eine Hochburg für tolle Bars ist, gibt es hier eine weitere Empfehlung. Die "Zero Gravity Bar" ist perfekt geeignet für heiße Sommernächte, da die Outdoor-Bar einen eigenen 39 Meter langen Infinity-Pool zur Verfügung stellt.

Laut dem Time Out Magazin ist die "Zero Gravity Bar" der beste Beachclub von Dubai. Oft finden Auftritte von Künstlern statt und es wird tanzbare Musik gespielt. Wer es etwas rustikaler mag, findet im Irish Village in Deira viele authentische Irish Pubs vor, die keine Wünsche offenlassen. Hier bekommt man nicht nur ein erfrischendes irisches Bier, sondern auch nette Unterhaltungen und eine zwanglose Atmosphäre.

Die Chi at the lodge Bar, in der Nähe des Dubai Creeks, bietet für jede Musikrichtung die passende Möglichkeit. Die Bar ist in 3 Zonen unterteilt und spielt verschiedene Musikstile. Liebhaber von R 'n' B und Hip-Hop finden im Chi Garden die richtige Musik, während im Chi Red die Musik sehr rockig und indie-lastig geprägt ist. Der dritte Bereich ist für die Soul- und Funk-Fans gedacht, die in der Chi Lounge voll auf ihre Kosten kommen.

Die ultimative Party mit internationalen Stars steigt im White Club Dubai. Außerdem hat man aus dem White Club Dubai eine unvergessliche Aussicht. Für jeden, der gerne tanzt und feiert, ist das die richtige Location. Insgesamt sind die Bars und Clubs sehr vielfältig, sodass jeder etwas für seinen Musikgeschmack findet und Spaß hat.

Ausflug nach Abu Dhabi

Ein Tagesausflug nach Abu Dhabi ist sehr beliebt unter den Dubai-Urlaubern. Abu Dhabi ist die Hauptstadt der Arabischen Emirate und hat insgesamt 1,5 Millionen Einwohner. Die Entfernung zwischen Dubai und Abu Dhabi liegt bei 140 km. In gut einer Stunde erreicht man Abu Dhabi von Dubai aus mit dem Auto.

Aufgrund der geringen Entfernung und der gut ausgebauten Straßen lohnt sich ein Besuch im Nachbaremirat. Kennzeichnend für Abu Dhabi ist die Scheich Zayid-Moschee. Sie ist die größte Moschee in den ganzen Arabischen Emiraten und komplett in Weiß gehalten. Die Scheich Zayid-Moschee sieht aus wie aus einem Märchen von tausend und einer Nacht. Im Innenleben der Moschee wurden über 1000 Säulen verbaut und sehr viel Blattgold wurde in sämtlichen Details verwendet.

Auch Nicht-Muslime sind natürlich herzlich willkommen, um sich das spektakuläre Bauwerk anzuschauen. Der Eintritt ist kostenlos und es wird ein schwarzes, bedeckendes Gewand gestellt. Die Öffnungszeiten sind Samstag bis Donnerstag von 9 bis 22 Uhr. Der letzte Einlass erfolgt hier um 21:30. Freitag ist sie erst ab 16:30 bis 22 Uhr geöffnet, da am Morgen die Gottesdienste für die Gläubigen stattfinden. Auch kostenlose einstündige Führungen werden angeboten, die sehr viele interessante Geschichten und Fakten über die Scheich Zayid-Moschee liefern.

Diese finden am Donnerstag um 10, 11 und 17 Uhr statt. Am Freitag finden die Führungen um 17 und 19 Uhr statt. Am Samstag gibt es weitere Führungen um 10, 11, 14 und die letzte um 19 Uhr. Besonders empfehlenswert sind die Touren kurz vor dem Sonnenuntergang. Hier sticht die Schönheit der Moschee noch mehr hervor und man hat die Chance auf wundervolle Fotos mit der untergehenden

Sonne. Aber auch am Abend wird das Gebäude je nach Phase des Mondes beleuchtet., sodass sich auch ein Besuch am Abend lohnt.

FERRARI WORLD ABU DHABI

Bei einem Besuch in Abu Dhabi darf der Besuch in der Abu Dhabi Ferrari World nicht fehlen. Der größte überdachte Themenpark der Welt lockt mit vielen Attraktionen für Jung und Alt. Seit 2010 ist der Park geöffnet und er schafft es jährlich, Millionen von Besuchern zu begeistern.

Unter anderem lernt man mehr über die Geschichte des Ferrari-Imperiums und man hat die Möglichkeit, eine voll funktionsfähige Freizeitrennstrecke zu benutzen. Es gibt außerdem ein Theater, wo Shows rund um das Thema Rennfahren angeboten werden. Im Mittelpunkt der Ferrari World steht eine Achterbahn, die die Fahrt in einem Rennwagen simuliert.

Durch die hohen Geschwindigkeiten der sogenannten "G-Force" werden die G-Kräfte, wie bei einer rasanten Fahrt, nachempfunden. Aber es gibt noch weitere abenteuerliche Attraktionen, die dafür sorgen, dass der Adrenalinspiegel in die Höhe schießt. Die schnellste Achterbahn der Welt, die

Formula Rossa, beschleunigt in 4,9 Sekunden von 0 auf 240 Stundenkilometer. Stilecht ist man während der Fahrt in einem nachgebauten Ferrari-Auto untergebracht, um der Achterbahn noch mehr Authentizität zu verleihen. Aber auch Italien-Liebhaber kommen in dem einzigen Ferrari-Park der Welt auf ihre Kosten.

In liebevoller Kleinarbeit erinnert der Park an einen Italienurlaub mitten im Orient. Die Öffnungszeiten sind sonntags bis mittwochs von 11 bis 20 Uhr und donnerstags bis samstags von 11 bis 22 Uhr. Es gibt 2 Ticketkategorien: Das Premiumticket kostet für Kinder bis 1,50 Metern 80 Euro und für Erwachsene 100 Euro. Der Vorteil im Gegensatz zu den normalen Tickets besteht darin, dass man Zugang zu der VIP-Lounge hat und an den Fahrgeschäften weniger warten muss. In der VIP-Lounge stehen dann Snacks und Getränke bereit.

Die normalen, günstigeren Tickets erhält man für die Kinder für 30 Euro und für die Erwachsenen für 45 Euro. Es empfiehlt sich aber, vormittags den Park zu besuchen., da dann in der Regel weniger Betrieb herrscht und man bei den Attraktionen weniger anstehen muss.

ABU DHABI LOUVRE

Wer bereits in Paris war, kommt nicht um einen Besuch im berühmten Museum "Louvre" herum. Aber auch für Kunstneulinge bietet das Museum einen kleinen Crashkurs in Sachen Kultur. Hier werden alte und neue Kunststücke ausgestellt und auch sehr teure Meisterwerke der Kunst gezeigt. Die Vereinigten Arabischen Emirate haben sich nämlich den "Louvre" in Paris als Vorbild genommen und den Abu Dhabi Louvre im November 2017 eröffnet.

Der Louvre in Abu Dhabi steht mit dem in Paris im engen Austausch und oft werden seltene Kunststücke untereinander getauscht. Die Kunstsammlung wird mithilfe der Franzosen stetig erweitert und vier verschiedene Ausstellungen werden jährlich angeboten. Die Sammlung des Abu Dhabi Louvre reicht von der Antike bis ins 21. Jahrhundert – für Kunstinteressierte perfekt, da man hier eine große Auswahl an verschiedenen Epochen und Stilen vorfindet. Günstige Tickets bekommt man im Internet bereits für 15 Euro pro Person. Die Öffnungszeiten sind Dienstag bis Mittwoch von 10 bis 20 Uhr. Am Donnerstag und am Freitag öffnet das Museum von 10 bis 22 Uhr und am Samstag und Sonntag ebenfalls von 10 bis 20 Uhr.

ETHIAD TOWERS UND EMIRATES PALACE HOTEL

Das Wahrzeichen der Stadt, die Ethiad Towers, sollte man sich bei einem Besuch in Abu Dhabi ebenfalls ansehen. Fünf Türme umfassen den Gebäudekomplex, der seit 2011 prägend für das Stadtbild von Abu Dhabi ist. Auch von dieser Attraktion aus ist es möglich, die Sicht von oben zu genießen. Auf gut 300 Metern Höhe hat man die Möglichkeit, den Blick über Abu Dhabi schweifen zu lassen. Der Eintritt zur Aussichtsplattform kostet ca. 25 Euro pro Person. Aber auch im Steakrestaurant eine Etage tiefer hat man bei einem leckeren Abendessen einen tollen Ausblick auf die Stadt.

Gegenüber der Ethiad Towers befindet sich das Emirates Palace Hotel, welches als eines der besten und exklusivsten Hotels der Welt gilt. Anders als beim Burj al Arab dürfen hier auch Gäste, die nicht in dem Emirates Palace Hotel schlafen, das Hotel besichtigen. Für die ganz dekadenten Gäste gibt es hier einen Cappuccino der Extraklasse.

Der Cappuccino wird hier nämlich mit 35 Karat Blattgold bestreut. Dieser schlägt allerdings mit 46 Euro pro Person zu Buche. Für die anderen reicht auch ein kostenloser Spaziergang in dem prunkvollen Emirates Palace Hotel, wo bereits die Eingangshalle ein echtes Highlight ist.

CORNICHE STRANDPROMENADE

Den schönsten Spaziergang kann man in Abu Dhabi in der Corniche Strandpromenade machen. Sie ist die bekannteste Flaniermeile der Stadt. Hier findet man unter anderem traditionell arabische Restaurants, Snackbars und zahlreiche Cafés. Am besten nimmt man sich seine Snacks mit an den naheliegenden Strand und genießt eine kleine Pause mit Blick auf den arabischen Golf. Aber auch hier muss man auf die öffentlichen und privaten Bereiche des Strandes achten. Auch abends lohnt sich ein Spaziergang auf der berühmten Meile, weil sich dann die Gassen füllen und das Leben durch die kühleren Temperaturen erst richtig pulsiert.

DIE ZUKUNFT VON DUBAI

Die Regierung von Dubai weiß, dass die Ölreserven in naher Zukunft zu Ende sind. Deshalb muss Dubai seinen Tourismussektor noch weiter ausbauen, damit die fehlenden Öleinnahmen durch den Tourismus gedeckt werden. Deswegen planen die Herrscher einige neue und interessante Projekte.

Dubai ist außerdem auch eine Stadt des Wandels und des Fortschritts. Deswegen sind für Dubai weitere herausragende Projekte geplant. Dazu zählt auch das Ain Dubai. Dubai hat sich vorgenommen, das größte Riesenrad der Welt zu bauen, welches dann für die Touristen als Aussichtsplattform dienen soll. Eine künstliche Insel, die den Namen "Bluewaters" trägt, soll auf Höhe der Dubai Marina gebaut werden, worauf dann das Riesenrad platziert werden soll. Außerdem sollen um den Burj al Arab zwei künstliche Inseln gebaut werden.

Der „Wild Wadi"-Wasserpark soll dann auf die Inseln umziehen und noch einmal doppelt so groß werden. Des Weiteren soll dort ein ganz neuer Stadtteil entstehen, samt neuen Shoppingmöglichkeiten und weiteren Freizeitaktivitäten. Die Inseln sollen dann den Namen "Marsal Al Arab" tragen. Eine weitere spektakuläre Neuheit soll der "Dynamic Tower" bieten, weil das Gebäude das erste sein soll, welches sich in jeder Etage um 360 Grad drehen kann. Im Inneren sollen dann Luxusimmobilien und Büroräume geschaffen werden. Geplant ist auch, den Burj Khalifa mit einem noch höheren Gebäude in den Schatten zu stellen. Der "Creek Tower" soll den 828 Meter hohen Burj Khalifa mit über 1000 Metern in seiner Höhe noch einmal übertrumpfen. Dazu soll rund um das Gebäude ein komplett neuer Stadtteil gebaut werden. Nicht nur das höchste Gebäude der Welt soll neu gebaut werden, sondern auch das höchste Hotel der Welt. Mit geplanten 360 Metern soll der "Ciel Tower" seinen Gästen nicht nur Luxus bieten, sondern auch eine unglaubliche Aussicht aus jedem Zimmer.

Der "Ciel Tower" soll das Stadtbild im berühmten Stadtteil Dubai Marina ergänzen. Aber auch für weitere Kreuzfahrtgäste soll vorgesorgt werden. Mit dem neuen" Dubai Harbour und Lighthouse" soll ein neuer Hafen der Superlative gebaut werden, der Platz für ein weiteres Kreuzfahrtterminal bietet und auch für die Unterbringung der Luxusyachten dient. Passend dazu soll ein moderner, unverkennbarer Leuchtturm dem Hafen Einzigartigkeit verleihen. Auch hier soll man wieder eine tolle Aussicht genießen können mit einer geplanten 360-Grad-Aussichtsplattform. Ebenfalls im Fokus steht die künstlich errichtete Insel "Palm Jumeirah", die um ein weiteres Highlight ergänzt werden soll. Der "Palm Tower" soll ein Luxushotel und zahlreiche Apartments beherbergen.

Das Besondere am "Palm Tower" wird aber ein Infinity-Pool, der auf 210 Metern gebaut werden soll. Die Gäste sollen damit auf dem kompletten Dach eine Runde schwimmen können. Des Weiteren wird ein weiterer komplett neuer Stadtteil entstehen mit sämtlichen neuen Gebäuden, darunter das weltweit höchste Restaurant, der höchste Wohnkomplex und die weltweit höchsten Wasserspiele. In Dubai gibt es keine Grenzen, sodass Sie immer wieder gespannt sein können, welche Megaprojekte als Nächstes geplant sind.

Hinweise & Tipps

Damit der Dubai-Urlaub wunderschön und entspannend wird, habe ich hier noch ein paar wichtige Hinweise für Ihren Urlaub.

HINWEISE

Obwohl Dubai sehr westlich orientiert und bei seinen Gästen auch sehr tolerant ist, sollte man trotzdem darauf achten, die landestypischen Sitten einzuhalten. Bestenfalls bedeckt man daher Schultern und Knie komplett. Bei kürzerer Kleidung wird man zwar nicht sanktioniert, aber es wird nicht gerne gesehen. An Stränden allerdings ist es überhaupt kein Problem, in Badeshorts und Bikini herumzulaufen, das Sonnenbaden ohne Bikini-Oberteil ist aber nicht gestattet. Zärtlichkeiten in der Öffentlichkeit sind auch weitgehend untersagt.

Beim Thema Alkohol sind die Emiratis sehr strikt. Generell darf in der Öffentlichkeit kein Alkohol konsumiert werden und man darf auch nicht betrunken in der Öffentlichkeit sein. Es ist auch nicht möglich, im Supermarkt oder an der Tankstelle Alkohol zu kaufen, dafür braucht man nämlich eine Alkohollizenz. In Bars und Hotels beispielsweise wird Alkohol aber ausgeschenkt. Drogen sind ein absolutes Tabu in den Vereinigten Arabischen Emiraten.

Ein ebenfalls wichtiger Punkt ist die Volljährigkeit in Dubai. In Dubai ist man erst mit 21 erwachsen. Das bedeutet auch, dass man unter 21 nicht in Bars oder Clubs gehen darf. Außerdem darf man ohne volljährige Begleitung nicht in ein Hotel einchecken. Besondere Verhaltensregeln gelten aber besonders in der Zeit des Ramadans. Ein Urlaub zur Zeit des Ramadans kann sehr schön sein, man sollte aber einige Punkte beachten. Der Ramadan ist der heilige Monat für die Muslime. Dadurch, dass Dubai muslimisch geprägt ist, ist den Emiratis die Ramadan-Zeit sehr wichtig. In den 30 Tagen des Ramadans darf von Sonnenaufgang bis Sonnenuntergang weder gegessen noch getrunken werden. Auch

Zärtlichkeiten, Rauchen und freizügige Kleidung sind verpönt. Aus Respekt sollte man sich als Tourist unbedingt auch an diese Regeln halten. Ansonsten muss man nichts weiter beachten. Der Vorteil an einem Urlaub in der Ramadan-Zeit ist vor allem der Preis, weil viele Anbieter die Reisen zu einem günstigeren Preis anbieten. Auch ist am Tag weniger an den Hotspots der Stadt los, sodass man beim Sightseeing mehr Ruhe hat.

Viele Restaurants bieten den Take-Away Service an, sodass man am Tag beispielsweise auf seinem Hotelzimmer essen kann. Ein weiterer Hinweis bezieht sich auf die Geschlechtertrennung. In der Metro gibt es gemischte Bereiche für Männer und Frauen und ein Abteil, welches nur für Frauen ist. Darauf sollte man als Mann achten, da bei Missachtung Strafen drohen. Auch rosa Taxis sind nur für Frauen gedacht, da dort extra eine Taxifahrerin fährt. Darauf sollte man ebenfalls achten.

Eine kleine Geste, auf die aber viel Wert gelegt wird, ist das Benutzen der linken Hand. Sie gilt im islamischen Raum als unrein und sollte beim Essen oder beim Hand-Geben nicht benutzt werden. Beachten sollte man ebenfalls, dass nicht, wie bei uns, der Sonntag der Ruhetag ist, sondern der Freitagvormittag. Am Freitag treffen sich die gläubigen Muslime zum Gebet, deshalb haben viele Attraktionen erst ab Freitagnachmittag geöffnet. Das sollte man prüfen, bevor man sich auf den Weg zu einer Sehenswürdigkeit macht. Dafür hat man am Sonntag nur sehr selten Einschränkungen.

TIPPS

Die beste Reisezeit ist im Winter, da die Temperaturen im Sommer auf über 40 Grad steigen können. Selbst, wenn man aber im Sommer anreist, sollte man daran denken, immer eine leichte Strickjacke dabei zu haben. Viele Malls und auch die Metro sind sehr stark klimatisiert, sodass man leicht friert, wenn man eine dermaßen hohe Außentemperatur hat.

Ebenfalls sollte man immer etwas Wasser dabeihaben und sich bei seinem Sightseeing-Trip auch immer mit einer Sonnencreme mit einem hohen Lichtschutzfaktor eincremen. Die Sonne in Dubai ist sehr stark und man bekommt leicht einen Sonnenbrand. Besonders in der heutigen Zeit ist es wichtig, an einen Steckdosenadapter zu denken. Viele Hotels bieten zwar Steckdosenadapter an, am besten verlässt man sich aber nicht darauf und sorgt selbst vor. Ein weiterer Tipp ist, die Ausflüge online zu buchen.

Gerade im Burj Khalifa und im Aquaventure spart man sich dadurch langes Anstehen am Ticketschalter. Ausflüge zu großen Attraktionen sollte man, wenn möglich, innerhalb der Woche planen, weil an den Wochenenden der Ansturm auf die Sehenswürdigkeiten größer ist. Am besten bucht man sein Hotel in der Nähe einer Metrostation.

Anders als bei anderen Urlauben, die man die meiste Zeit im Hotel verbringt, lebt der Dubai-Urlaub davon, aktiv zu sein und Neues zu entdecken. Mit den öffentlichen Verkehrsmitteln ist man sehr schnell und kostengünstig unterwegs, sodass ein kurzer Weg zur Dubai Metro sehr ratsam ist. Auch All-inklusive-Angebote machen in Dubai wenig Sinn. Dadurch, dass man meist den ganzen Tag unterwegs ist, reicht eine Halbpension oder sogar nur ein Frühstück im Hotel völlig.

Wer sehr viele Aktivitäten in Dubai besuchen möchte, sollte sich den Dubai City Pass holen. Hier kann man sehr viel Geld sparen, da hier viele berühmte Sehenswürdigkeiten inkludiert sind. Den Pass gibt es für 1, 2, 3, 5 und 7 Tage und beinhaltet den Eintritt zu vielen Attraktionen, eine Wüstensafari, eine Fahrt nach Abu Dhabi, freie Fahrten mit den Hop-on Hop-off-Bussen und Stadtführungen. Auch für viele Museen ist der Eintritt inklusive. Die

Kosten für den Dubai City Pass sind unterteilt in zwei Kategorien: Erwachsene und Kinder. Die Kinderpreise gelten von 4 bis 12 Jahren. Der Dubai City Pass kostet für einen Tag für einen Erwachsenen 119,90 Euro und für ein Kind 64,90 Euro.

Zwei Tage kosten für Erwachsene 139,90 Euro und für Kinder 79,90 Euro. Für 3 Tage bezahlt man für den Pass bei Erwachsenen 159,90 Euro und für Kinder 94,90 Euro. 5 Tage kosten 179,90 Euro für einen Erwachsenen und 114,90 Euro für Kinder.

Die günstigste Variante pro Tag ist, wenn man den Dubai City Pass für 7 Tage bucht. Hier bezahlt man für einen Erwachsenen 189,90 Euro und für ein Kind 119,90 Euro. Der Dubai City Pass lohnt sich daher sowohl für einen Stopover als auch für einen längeren Urlaub, wenn man vorhat, viele Sehenswürdigkeiten zu besuchen.

Schlusswort

Ich hoffe, Sie haben jetzt Lust auf einen spannenden und außergewöhnlichen Urlaub in der Stadt der Superlative. Dubai ist so viel mehr als nur groß und auffällig. Entdecken Sie auch die Wüste und die Altstadt und ich bin mir sicher, Sie werden einen unvergesslichen Urlaub haben.

Aber auch an den bekanntesten Sehenswürdigkeiten, wie dem Burj Khalifa, werden Sie sehr viel Freude haben. Der Moment, wenn man an der Dubai Marina entlang schlendert und vor den riesigen Wolkenkratzern steht, ist unbeschreiblich. Ich hoffe, ich konnte Ihnen einen Urlaub in Dubai schmackhaft machen, und wünsche Ihnen viel Spaß auf Ihrer Reise in den zauberhaften Orient.

Packliste

Geld & Finanzen

O (evtl.) Auslandswährung
O Bargeld
O Bauchtasche
O Brustbeutel
O Bauchtasche
O EC-Karte
O Kreditkarte
O Notfall-Telefonnummern der Banken
O Portmonee

Hygiene

O Haarbürste / Kamm
O Deo (klein)
O Shampoo
O Kulturtasche
O Sonnencreme

O Taschentücher
O Reise-Zahnbürste und Zahnpasta
O Verhütungsmittel

Kleidung

O Badeklamotten
O Gürtel
O Hosen kurz / lang
O Mütze / Cap / Hut
O Pullover
O Regenjacke
O Schlafanzug
O Socken
O Sonnenbrille
O Sportklamotten / Jogginghose
O T-Shirts
O Unterwäsche

Medikamente

O Blasenpflaster
O Anti-Durchfalltabletten

O Erste-Hilfe-Set
O Fiebertabletten
O Fiebertabletten
O Mückenschutz
O sonstige Medikamente
O Pflaster
O Kopfschmerztabletten

Unterlagen & Papiere

O ADAC Unterlagen
O Adresslisten für Postkarten
O Krankversicherungsnachweis
O Stadtplan
O Führerschein
O Unterlagen für die Unterkunft
O Wasserdichte Hülle für Reiseunterla-
gen
O Impfausweis
O Mietwagenunterlagen
O Personalausweis
O Reisepass
O Reisetagebuch

O evtl. Studentenausweis
O evtl. Visum
O Zug- / Bahn- / Flugticket

Taschen & Rucksäcke

O Koffer / Trolley / Reisetasche
O Regenhülle für Rucksack
O Rucksack

Schuhe

O Badeschlappen / Hausschuhe
O Schuhe und Wechselschuhe

Sonstiges

O Brille / Kontaktlinsen und Etui
O Buch zum Lesen
O Ohrenstöpsel und Schlafmaske
O Regenschirm
O Reisedecke
O Wasserflasche

O Wörterbuch

Elektronik

O Digitalkamera

O Handy

O Ladekabel

O Kopfhörer

O evtl. Steckdosenadapter

O Power-Bank

Herstellung und Verlag:

BoD – Books on Demand, Norderstedt

ISBN: 9783751980937

1. Auflage

Kontakt: Psiana eCom UG/ Berumer Str. 44/ 26844 Jemgum

Covergestaltung: Fenna Larsson

Coverfoto: depositphotos.com